Reinhard Obst

Ges(t)ammelte Obs(t)zönitäten

Gedichte und Anekdoten für Erwachsene zum Schmunzeln und Verschenken

Erstauflage des

BJB Verlag

Text gesprochen: Reinhard Obst
Musik: Wolfgang Roesch
Digitale Aufnahme:
Caroline Tonstudio Pöttmes
Design: Brigitte Josephine Bogdahn
Druck: MaroDruck Augsburg
CD- Vervielfältigung:
Simon Samuel Bogdahn
Lektorat: Roland Garbe
Copyright by BJB – Verlag © 2004

ISBN 3-937576-07-X

Der Autor über sich selbst:

Es gab eine Zeit, da war ich nüchtern,
da war ich ganz schön schüchtern.
Dann musste ich erst noch einen Trichtern,
dadurch gehör ich zu den Dichtern.
„Hoffentlich werd ich nie nüchtern."

Denn ich finde es so fein,
darf ich einmal ein Dichter sein.

Ich find`s erquickend und erlabend,

                    guten Abend.

Inhaltsverzeichnis

1. Der Weindieb — 9
2. Besonders belustigendes Bierbrevier — 10
3. Sibirisch Express — 11
4. Hinterfotzig — 12
5. Wochendticket — 14
6. Bayerns Preußen — 15
7. Bundesadler — 16
8. Die Würde der Regierenden — 18
9. Das Arbeitsamt — 19
10. Die Gefühle eines Ex – Deutschen — 20
11. Der Kanzler — 23
12. Irrtum — 24
13. Das Auge — 25
14. Blauäugigkeit — 28
15. Katzenliebe — 30
16. Auf den Hund gekommen — 31
17. Dressur — 33
18. Die Filzlaus — 34

19. Gorillaliebe	35
20. Zwei Elefanten	36
21. Die Grille	38
22. Jägerlatein	39
23. Jaguar	42
24. Schifffahrt auf dem Nil	43
25. Kindermund Teil 1	44
26. Kindermund Teil 2	45
27. Kindermund Teil 3	46
28. Die Geschichte von Mädchen mit dem roten Käppchen	47
29. Ehepflichten	48
30. Erkenntnis	50
31. Mammons Bestrafung	51
32. Das Kennen lernen	52
33. Der Konfirmationsspruch	54
34. Kreislauf	55
35. In vier Zeilen	56
36. Tripolis	57
37. Der penistrante Schlips	58
38. Der Kulturbanause	60
39. Der Totenschrein	61
40. Der Fliegenfänger	64
41. Zeit, Leistung, Erfolg Nutzlosigkeit	65

42. Zeitlose Liebe 66
43. Angst 68
44. Sternträumer 70
45. So spricht man eine Dame an 71

ANEKDOTEN

46. Staatsbesuch 76

47. Höllenqualen 77

48. Lösungen 79

49. Der Figaro 80

50. Verabschiedung 83

Der Weindieb

Ich schaue in ein Fenster rein,
dahinter seh ich guten Wein.
Ich denk, so wär der Wein jetzt mein,
dann könnt ich richtig fröhlich sein.
Die Frage ist, wie komm ich rein,
ich dreh mich um, ich bin allein,
dann drück ich glatt das Fenster ein
und spring hinein.
Man hört mich schrein,
dahinter muss wohl tiefer sein.
Ich brach mir glatt das linke Bein.
Das Fenster hoch und ich zu klein,
ich konnte mich nicht mehr befrein.
Drum trank ich diesen guten Wein,
schließlich schlief ich seelig ein.
Der Hauswirt konnt das nicht verzeih´n,
der wollte mir den Wein nicht leihn.
Dann kamen die Herrn der Polizei
und sperren mich ein.
Jetzt trink ich Bier
und nie mehr Wein.

Besonders belustigendes Bierbrevier

(Beachten Sie bitte Buchstaben „B")

Brave Bier bevorzugende Bundesbürger,
beachtet bitte beiläufige Bemerkung:
Barbarossas bärtige Barden besangen
bereits barbarische Braukunst.
Bayrische Bierbrauer brauen beständig
beliebtes braunes bayrisches Bockbier.
Böswillige Bacchusbrüder behaupten
bisweilen, bayrisches Bockbier berausche
bald, befördere blinden Blödsinn,
beraube besseren Bewusstseins.
Biedere Biertrinker, bevor Beweise
besseres bewähren, bleibt beigesellt
beim braunen Becherblinken.

Prost

Sibirisch Express

Nach China mit der Eisenbahn,
Ich denk, ich hab den Größenwahn.
In der Taiga bleibt er steh`n,
der Zug will nicht mehr weiter geh`n.
Den Zugführer, den sprech ich an,
„Sag, was ist los hier, guter Mann?
Seit Stunden stehen wir im Kalten,
muss dieser Zug so lange halten?"
„Oh, ist sich kalt, ich hab nix Bock,
außerdem getauscht grade Lock,
Lokomotive nix mehr da,
hab sie getauscht gegen Wodka."
Nastrovje

Hinterfotzig

Ein junger Mann, schlank, elegant,
den Reisekoffer in der Hand,
sucht sich im D – Zug einen Platz,
dort sieht er im Abteil den Schatz.

Solch schönes Mädchen anzuschauen,
muss einen jungen Mann aufbauen.
Ein freier Platz gleich neben ihr,
er denkt: „Halt! Der gehört nur mir!"
Ihm gegenüber in voller Pracht,
ein Bayer in der Sonntagstracht.
Die Dame daneben, war ihm klar,
war garantiert des Mädchens Mama.
Er spricht das junge Mädchen an
und sie hat ihre Freude dran.

Bis dann der erste Tunnel kam,
er legt ums Mädchen seinen Arm
und fasst ihr zärtlich und voll Lust,
so durch die Bluse an die Brust.
Auf einmal klatscht es furchtbar laut,
wobei es ihn nach vorne haut.

Er gleich zurück auf seinem Sitz,
Denkt, „Mütter kriegen alles spitz."

Die Mutter denkt: „Mein Töchterlein,
haute dem Lustmolch eine rein!"

Die Tochter denkt: „Oh, die Mama,
der Bayer kam ihr wohl zu nah!"

Der Bayer grinst in sich hinein:
„Ja diese Fahrt ist wieder fein,
im nächsten Tunnel bleib ich munter
und hau dem Preis noch eine runter!"

Wochendticket

Die Eisenbahn ist übervoll,
kein Sitzplatz frei, mich packt der Groll.
Eine Dame sitzt bequem,
vor ihr seh ich `nen Rucksack stehn.
Ich frag sie, ohne lang zu schwätzen:
„Darf ich mich auf den Rucksack setzen?"

„Das kann ich gerne schon zulassen,
nur auf die Eier sehr aufpassen!"
„Ja das ergibt doch keinen Sinn,
sind da etwa Eier drin?"
„Nein, das ist es eben grad,
Da drin ist nur Stacheldraht!"

Bayerns Preußen

Zwei Preußen wollen Bayern seh`n,
weshalb sie auf die Reisen geh`n.
Als sie die hohen Berge seh`n,
fangen die an durch zu dreh`n.

„Den Höchsten werden wir besteigen,
ums den Bayern mal zu zeigen".

Sie sind schon fast an Berges Spitzen,
ich seh sie zittern, seh sie schwitzen.
Der Klaus, der kann sich nicht mehr halten
und fällt in eine Gletscherspalt`n.

„Klaus, wenn was weh tut, sag es doch!"
„Nu, wart´s doch ab, ich fall ja noch!"

Bundesadler

Der Adler durch die Lüfte kreist,
er hat schon lang nicht mehr gespeist.

Während der durch die Wolken lungert,
glaubt er, dass er verhungert.

Dann sieht er unten eine Maus,
er stürzt herab, oh welch ein Graus.

Bevor die Maus noch richtig guckt,
hat der Adler sie verschluckt.

Dann ist er wieder aufgestiegen,
die Mahlzeit war ihm nicht gediegen.

Die Maus, die konnt dies gar net leide,
sie kämpft sich durch die Eingeweide.

Sie kommt zum Ausgang und guckt herunter,
da war sie gar nie mehr so munter.

„Oh, Adler, ich zahl jeden Preis,
doch bitte mach jetzt bloß kein Scheiß!"

Die Würde der Regierenden

Heute las ich, es ist verrückt,

vier Politiker sind beim Milchtrinken erstickt.

Darüber wird nicht viel geschwätzt,

denn die Kuh hat sich hingesetzt.

Das Arbeitsamt

Das Arbeitsamt gab bekannt.

Ich habe dies Unsinn genannt.

„Hier gibt es Arbeit für Leute beiderlei Geschlechtes."

Ich denke, das ist nichts Gerechtes,

Als ich diesen Slogan las,

fragte ich mich, „Wer hat denn das?"

Die Gefühle eines Ex – Deutschen

Es gab in Deutschland eine Zeit,
da war jeder Bürger bereit,
selbst kostenlos das Beste zu geben,
wir wollten arbeiten und streben.

Wir wollten noch nicht einmal Lohn,
etwas zum Essen reichte schon.
Doch wir hatten eine Ehre,
wir wollten noch den Staat ernähre.

Wir fürchteten nur den Hohn
der Orden war der größte Lohn.
Nach dem Krieg gab´s nur ein Ziel:
Wiederaufbau, Hochgefühl.

Wir dürfen uns wieder Deutsche nennen
und uns zur deutschen Mark bekennen.
Wir bauten eine neue Welt
und schenkten den armen Staaten Geld.

Doch heute gibt es keinen Stolz,
der Regierungskopf aus Holz.
Statt dem Bürger Freiheit zu schaffen,
wollen Politiker nur noch raffen.

Sie selber sahnen dabei ab,
liest man im Tageblatt.
Nun haben wir eine neue Zeit,
wir wurden von der Ehrfurcht befreit.

Jedes Nationalgefühl wurde uns genommen,
deutsche Mark weg, Euro gekommen.
Heute gibt es keine Deutschen mehr,
denn heute sind wir Europäer.

Für wen sollen wir Arbeit leisten,
wenn sich alle Fremden erdreisten,
unseren Lohn weg zu nehmen,
Dies tun ohne sich zu schämen.

In diesem Falle, dies gilt für alle,
muß man dieses Land verlassen,
im Ausland füllt man wieder die Kassen.

Erst wenn diese Regierung zu Grunde gegangen,
haben wir wieder das Verlangen,
ein deutsches Land aufzubauen,
dann werden alle anderen schauen.

Dann gibt es wieder ein deutsches Land
und dieses wird wieder weltbekannt.
Wir wissen, unser Leben ist nicht das Nehmen,
wir leisten gerne, um zu geben.

Der Kanzler

Der Bundeskanzler geht zu Fuß,
weil er sich mal bewegen muss.
Da sieht er oben auf der Brücke,
`nen Knaben sich weit drüber bücke.
Er geht zum Knaben und bleibt steh`n,
um selber in den Fluss zu seh´n.

Dort sieht er einen Taucher schwimmen:
„Na, mit dem Pfleiler wird`s nicht stimmen?"
Der Knabe sagt:" Das ist mein Vater,
der taucht als Brückenbauberater.
Der Beruf ist wirklich stark,
der verdient fünfzigtausend Mark!"

„Ja, dann verdient er mehr als ich!"

„Kein Wunder, weil du tauchst (taugst)
ja nicht!"

Irrtum

Die Hannelore hat es gern,
sieht Helmut abends mit ihr fern.

Der Helmut muss noch mal ins Bad,
weil er etwas vergessen hat.

„Helmut, ich weis, dass dir`s jetzt stinkt,
ich seh grad wie die Callas singt."

Helmut fragt schwer von Begriff:
„Ist das vielleicht ein deutsches Schiff?"

Das Auge

Der Augenarzt sagt: „Guter Mann,
das Glasauge passt sich gut an.
Doch das andere wie bizar,
hat bereits den grauen Star.
Die Lösung aber hab ich aber schon,
Hornhauttransplantation.
Die Augenbank ist leider leer,
wo kriegen wir das Auge her?
Ein gutes Auge, unverdorben,
hat meist der, der gerad verstorben."

Der Gute geht, sehr sorgenvoll,
fährt Auto dann mit tiefen Groll.
Auf einmal hinter ihm zwei Lichter,
die kommen rasend schnell, viel dichter.
"Hat man dem den Verstand gestohlen,
der wird doch hier nicht überholen?"

Dann hört er`s auch schon furchtbar krachen,
ein Stop am Baum, bei 100 Sachen.

Der Gute denkt: "Gelegenheit",
der Tote wird vom Aug befreit.
Das Glasaug` rein, denn aus Erfahrung
weiß er, dies ist die beste Tarnung.

Dann sofort zurück zum Doktor,
„Ich hab das Auge schon", frohlockt er.
Die Operation war gleich gescheh`n,
am zweiten Tage konnte er seh`n.

Doch bei der ersten Leseprobe,
hat´s ihn aus dem Sitz gehobe.
„Autounfall, kaum zu glauben:
Der Fahrer hatte zwei Glasaugen."

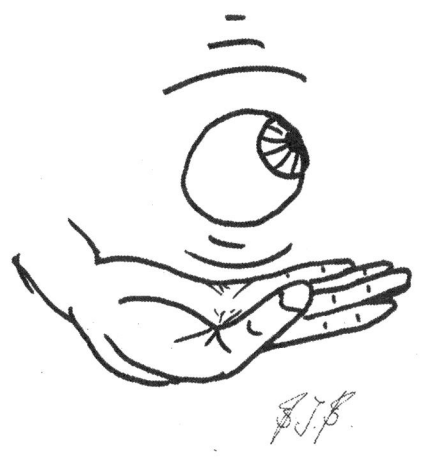

Blauäugigkeit

Es gibt drei Arten der Blauäugigkeit:
Die strahlenden blauen Augen,
die angeschwollenen blauen Augen
und die Dummheit, ungelesene Verträge zu
unterschreiben.
In diesem Reim ist alles vereint.

„Lieber Hein, kommt und erklär,
wo hast du die zwei blauen Augen her?"
„Ei, ich bin so im Kaufhaus rumgelaufen,
um ein paar Sachen einzukaufen.
Da seh ich eine Dame zur Rolltreppe geh`n,
ich bleibe gleich hinter ihr steh`n.
Eigentlich bin ich ziemlich gehemmt,
doch sie hatt den Rock so im Po eingeklemmt.
Nun, hab ich diesen ungelogen,
einfach frei hand rausgezogen.
Die Dame dreht sich, eh ich schau,
schon war das erste Auge blau.

Na, das zweite Auge hat sie entdeckt,
als ich den Rock wieder rein gesteckt.!"

Katzenliebe

Ich sah wie da am Straßenrand,
ein wunderschönes Mädchen stand.
Auf ihrem Busen eine Tatze,
ja unterm Arm hielt sie `ne Katze.
Ich sprach sie an, um ihr zu schmeicheln:
„Sag, darf ich deine Muschi streicheln?"
„Oh, dies ließ sich toll gestalten,
wer wird so lang die Katze halten?"

Auf den Hund gekommen

Es gibt einen guten Grund,
denn ich habe einen Hund.
Über den man ständig lacht,
weil er ständig Unsinn macht.

Eigentlich sollt er mir dienen,
doch er zerreißt die Gardinen.
Den Tisch hat er schon angeknabbert,
wobei er auch noch sabbert,
der Teppich nass-
was ich so hass.

Wie soll ich dieses Tier bestrafen,
ich liebe es, drum kann ich nicht schlafen.
Die halbe Nacht hab ich nachgedacht
und als ich morgens früh erwacht,
da fand ich dieses Tier sehr fein,
mit ihm war ich nicht mehr allein.

Ich sag euch ungelogen,
mit Liebe hab ich ihn erzogen.
Heut ist er für mich der beste Freund,
vom Menschen hab ich so was nur erträumt.

Dressur

Den Rex hab ich so gut dressiert,
mit dem hab ich mich nie blamiert.
Er hat mir alles apportiert,
wozu man mir stets gratuliert.

Doch neulich hat er`s übertrieben,
wir waren baden, was wir lieben.
Und Helga, ich kann`s noch nicht fassen,
hat ihren Slip dort liegen lassen.

„Kein Problem" hab ich gesagt,
und den Rex mit „Such" gejagt.
Rex kommt zurück, im Maul zwei Dinger,
dies warn` des Bademeisters Finger!

Die Filzlaus

Die Filzlaus saß am Ostseestrand
und wusch den Po mit Ostseesand.
Oh, möge euer Herz so rein,
wie der Popo dieser Filzlaus sein!

Gorillaliebe

Meine Frau adrett und nett,
hab ich am liebsten nur im Bett.
Das wird zu viel, das sagt sie so,
drum geh ich mit ihr in den Zoo.

Den Gorilla fand sie fein
und langte übern Käfig rein.
Der Gorilla ungelogen,
hat sie dann zu sich gezogen.

Er riss ihr die Klamotten runter,
das war gar nicht mehr so munter.
„Reinhard, das ist doch nicht zum lachen,
Sag, was soll ich machen?"

„Mach es wie bei mir,

streichel ihm die Mähne

und sag zu ihm, du hast Migräne."

Zwei Elefanten

Zwei Elefanten spiel`n Verstecken,
Jumbo kann Jambo nicht entdecken.

Er läuft schon lange durch den Busch,
auf einmal sieht er so, husch, husch,
`ne Maus aus einer Hecke kommen,
die hat er sofort wahrgenommen.

Er spricht sie an und bleibt kurz steh´n:
„Hast du mein Brüderchen geseh´n?"

Die Maus, die schüttelt mit dem Kopf,
sie hatte noch´n Korn im Kropf.

Der Jumbo sagt: „Ich glaube doch,
du lügst, ich seh, du kaust ja noch!"

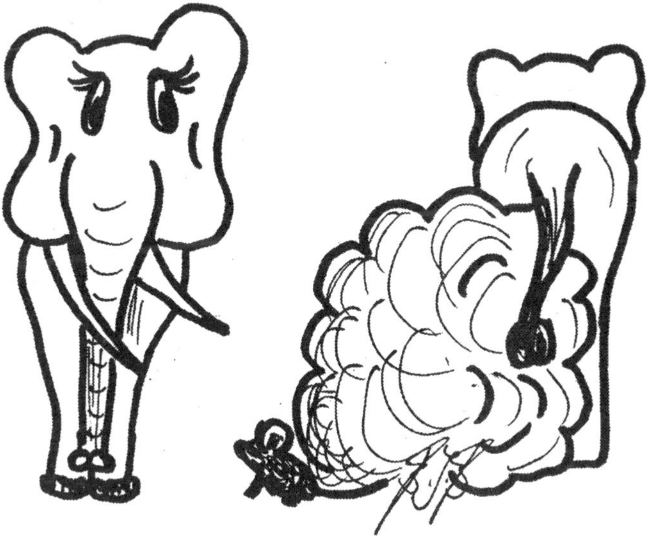

Die Grille

Die Grille zirpte laut im Gras,
man spürte gleich, dies macht ihr Spaß.

Auf einmal war sie staad,
Kopf abg`maht.

Jägerlatein

Mein Freund ruft an: „Reinhard, komm her,
ich fand im Schuppen ein Gewehr."
Sofort bin ich zu ihm gefahren,
um meinen Plan zu offenbaren.
„Mein lieber Klaus, ich würde sagen,
mit dem Gewehr geh`n wir zum Jagen!"
Gesagt, getan, ein Mann, ein Wort,
noch Munition, schon war`n wir fort.
Wir kamen an ein kleines Loch
„Kaninchenröhre", sag ich noch.
Klaus geht zum Ausgang von dem Bau,
ich spiel den Hund und schrie: „Wau, wau!"
Auf einmal hör ich`s krachen:
„Wir haben es", ruft Klaus mit Lachen.
So banden wir mit Jägerstolz,
die Beute an den Stab aus Holz.

Dann hab ich ein Loch geseh`n,
dort konnt nur ein Fuchs reingeh`n.
Das gleiche Spiel, wie grad vorher,
ein Knall, den Fuchs, den gab`s nicht mehr.

Wie wir uns durch die Büsche schlagen,
sag ich:" Wir sollten Großwild jagen."

Dann kamen wir an einen Bau,
so groß, das war die Riesenschau.
„Leg an, lad durch, und bleib ruhig steh`n!
Das Vieh greift an, du wirst es seh`n!"

Das „Wau, wau" hatte ich kam raus,
drei glühende Augen mit Gebraus.
Wach wurden wir im Krankenhaus.

Ich sag euch, ohne Lug und Trug,
was hier raus kam, das war ein Zug.

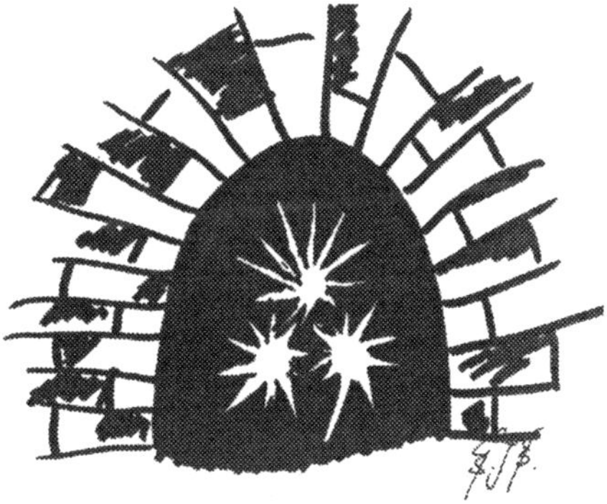

Jaguar

Mein Freund sagt: „Lieber Reinhard,
dies ist nicht meine Lebensart.

Meine Frau und ich ein Paar,
doch ich komm mit ihr nicht klar.
Sie will von mir einen Jaguar."

„Kommt sie mit dem Daimler nicht zurecht?
Nun ja, sie fuhr schon immer schlecht.
Du willst dich trennen, das ist klar,
drum schenk ihr einen Jaguar."

Dieses ist dann auch geschehen,
nach Tagen sieht man ihn zum Friedhof geh´n.
Ich sage: „Sieh, ich habe Recht gehabt,
zum Auto fahren war sie nicht begabt."

„Das Auto kannst du glatt vergessen,
der Jaguar hat sie gefressen!"

Schifffahrt auf dem Nil

Dies lasen sechzig alte Tanten,
weil sie das als Angebot erkannten.
Die Abreise war gleich geschehen,
sie wollten Pyramiden sehen.

Sie stiegen auf den alten Kahn
und sahen sich Gize zu nah`n.
Doch eines hat ihnen gestunken,
kurz vor dem Ziel, der Kahn ist gesunken.

Dann haben sie gleich wahrgenommen,
da kamen Krokodile angeschwommen.
„Seht Mädchen, der Kahn sinkt vor lauter Rost,
aber die Rettungsboote sind von La Coste."

Kindermund Teil 1

Vatertag, das Wetter schön,
will mit dem Sohn spazieren gehen.

Vier Jahre ist der Knabe alt,
läuft gerne mit mir durch den Wald.

Er steht gerade in dem Bade,
das Wasser reicht ihm bis zur Wade.

Und spielt genüsslich an dem Glied,
was gleich die Schwiegermutter sieht.

„Mein lieber Sohn, das ist obszöhn!"
„Und ob, Szön kann alleine steh`n."

Kindermund Teil 2

Mutter und Sohn gehen spazieren,
da muss der Sohn mal urinieren.
Die Mutter sagt, „Geh da zum Zaun,
dort kann dir keiner mehr zu schau`n.

Der Knabe tat, wie ihm befohlen,
tat seinen Schnibbelwurm rausholen,
und steckt ihn eilig durch die Latte,
wo es leider auch Brennesseln hatte.

Er dreht sich um, und rennt im Sturm,
im Händchen seinen Schnibbelwurm
und schreit laut: „Mama bitte blasen!"
Sie wird ganz rot um ihre Nas´n.

„Vier Jahre hab ich ungelogen,
den kleinen Kerl so gut erzogen.
Da hilft auch kein Erziehungsberater,
der ist und bleibt ganz wie der Vater."

Kindermund Teil 3

Klein Erna spielt mit ihrem Fritze,
die beide im Sandkasten sitze.

Klein Erna hört ein Baby klagen,
dies kam aus einem Kinderwagen.

„Lieber Fritz, ich muss grad denken,
du könntest mir ein Baby schenken."

Der Fritze antwortet, traumverloren:
„Das wird nicht geschenkt, das wird geboren!"

Klein Erna sagt: "Ja, wenn du meinst,
dann mach halt schnell und bohr mir eins!"

Die Geschichte von dem Mädchen mit dem roten Käppchen

Großmutter schickt Rotkäppchen zum Einkaufen,
dazu muss Rotkäppchen durch den Wald laufen.

Sie denkt dabei an ihr Brüderchen Rolf,
auf einmal sitzt vor ihr der ganz große Wolf.

Vor Schreck muss sie erst einmal Luft einsaugen:
„Ach Wolf, warum hat du solch große Augen?"

Der Wolf, der knurrte, mit Schweifesklopfung,
„Ach, ich weiß, du hast Verstopfung."

Ehepflichten

Nachts um Eins komm ich nach Haus,
alle Lichter sind schon aus.
Ich will niemanden wecken
und auch keinen erschrecken.

So schleich ich mich ins Schlafzimmer,
entblöße mich g´rad wie immer.
Danach lege ich mich ins Bett,
weil ich ein Schlafbedürfnis hätt.

Auf einmal merk ich `ne Bewegung,
die brachte mich gleich in Erregung.
Ein warmer Körper neben mir,
wohl weiblich, merk ich mit Gespür.

Ich tue meiner Ehe Pflicht,
ich liebe das, ich leugne`s nicht.
Auf einmal kommen aus der Küche,
eigenartige Gerüche.

Ich geh hinaus, um nach zu sehn,
seh meine Frau dort stehn.

Sie macht für`s Baby grad die Flasche,
ich frage: „wen ich grad vernasche."

Ich schau zurück ins Schlafzimmer,
da wurde die Sache noch schlimmer.
Die Schwiegermutter lächelt nett
und liegt in unserem Ehebett.

Warum schweigst du und bist hier?
„Du sprichst doch sonst auch nicht mit mir."

Erkenntnis

Ich frage meinen schwarzen Freund,
warum jede Frau von Negern träumt?
„Ha, das ist ein sexueller Trick,
ganz schnell hinein, langsam zurück,
das ist der Frauen höchstes Glück."

Ich denke, das probier ich aus,
ich fahre auch sofort nach Haus.
Zu meiner Frau sage ich nett,
„komm, zieh dich aus und ab ins Bett,
weil ich für dich was Neues hätt."

Danach sagt sie: „Du Schürzenjäger,
jetzt bumst du ouch schon wie ein Neger!"

Mammons Bestrafung
(Mammon ist der Gott des Geldes)

Es ist bekannt seit aller Zeit,
für Geld sind Mädchen schnell bereit.
Da wird nach Alter nicht gefragt,
beim Standesamt wird „Ja" gesagt.
Ich frage solch´ ne junge Braut,
warum sie sich ihm anvertraut?
„Ach dies ist `ne blöde Frage,
er beschenkt mich alle Tage."

Morgens hat es schon ´nen Sparren,
liegt auf´m Tablett ´nen goldener Barren.

Beim Mittagessen liegt pikant,
ein Edelstein am „Tellerrand".

„Dies ist ja toll," hab ich gesagt
und nach dem Nachtgeschenk gefragt.

„Nun treibst du mich glatt in die Enge,
da gibt es ein antik Gehänge!"

Das Kennen lernen

Die Zahnärztin macht mir ein neues Gebiss,
wozu sie alle Zähne raus riss.
Die neuen Zähne waren sehr fein,
aber sie passten nicht recht in den Kiefer hinein.

Sie sagte mir: „Damit muss man leben,
da gibt es ein Mittel zum ankleben!"
Leider bin ich ein armer Mann,
der sich diesen Kleber nicht leisten kann.

So bin ich ohne diesen ins Bad gegangen.
Auf einmal packt mich das Verlangen,
die Damen sollten meine Zähne sehen,
darum blieb ich am Schwimmbad stehen.

Ich lächelte mit offenem Mund,
ja sie kennen ja den Grund.
Auf einmal muss ich furchtbar niesen,
wobei meine Zähne heraus schießen.

Die Dame, der ich in den Po biss,
spürte den Schmerz, das war gewiss.
Aber es war für mich ein Glück,
sie brachte mir die Zähne zurück.

So haben wir uns kennen gelernt,
seit dem hat sie sich nie mehr von mir entfernt.
Und nin ist sie mein Arbeitgeber
und zahlt mir immer Gebisskleber.

Der Konfirmationsspruch

Meine Braut fand ich sehr nett
und sie sah über dem Ehebett,
meinen Spruch der Konfirmation,
las ihn und begriff ihn schon.

„Halt Dich bereit, der Herr kommt
stündlich!"

„Das halte ich nicht aus, geht es auch
mündlich?"

Kreislauf

Der Trompeter blies sehr schön,
vor ihm blieb die Sängerin stehn.

Erst blies er laut, dann blies er zart,
dann sprang ein Floh aus seinem Bart.

Er landete im Dekoltee,
fand keinen Halt, oh jemine.

Ein paar Härchen, ganz weit unten,
dort hat er endlich Halt gefunden.

Der Trompeter fand sie nett
und kroch zu ihr in das Bett.

Er küsste sie auf seine Art,
nun sitzt der Floh wieder im Bart.

In vier Zeilen

Lyrik: Zwei Mädchen gingen hochbeglückt,

Romantik: durch einen Rosengarten.

Realistik: Die eine wurde gleich ge........,

Tragik: die andere musste warten.

Tripolis

Einst war ich mal in Tripolis.
Ein Ort den ich gerne vermiss.
Eine Dame traf ich, wunderschön.
Einmal durft ich spazieren geh`n.
Einmal durfte ich ihr in die Augen seh`n.
Einmal durfte ich ins Gebüsch geh`n.
Einmal haben wir uns beglückt.
Einmal dachte ich, ich werd verrückt.
Zweimal habe ich Spritzen bekommen
So hat man den Tripper weggenommen.
Und so sage ich ganz schlicht,
Tripolis bekommt mir nicht.

Der penistrante Schlips

Wenn man so denkt,
wie er so hängt,
wenn man an seiner Spitze zieht
und dann genau hinsieht,
wie er sich plötzlich reckt und streckt
und wenn man ihn in den Hemdschlitz rein steckt.
Oh, wie das so herrlich juckt,
wenn man mit ihm so hin und her, ruckt und zuckt
und wie er dann aussieht,
wenn man ihn rauszieht,
dann ist er klein und voller Falten,
dann muss man ihn neu gestallten.

Der Kulturbanause

Ich frage mich, was Goethe täte,
wenn ihm eine solch kleine Kröte
zum Kusse die Lippen anböte?
Und ein Schäfer bläst dazu noch Flöte,
was die Stimmung weiterhin erhöhte.
Glaubst du den Geheimrat von Goethe,
den packt die Verlegenheitsröte?

Du hast keine Ahnung von Goethe!

Der Totenschrein

Sommer war`s, das Wetter klar
und ich fand es wunderbar.
Als Knabe durfte ich schon schauspielen,
nur Kinderrollen, mit Gefühlen.

Wahrscheinlich war ich sehr begabt,
ich hab mich am Applaus gelabt.
Zwei Vorstellungen von sechs bis zehn
und ich wollt nach Hause geh`n.

Normalerweise wurde ich überwacht,
doch dann habe ich mich freigemacht.
Nach Hause, dies war mein Verlangen,
ich schlich mich fort, mit leisem Bangen.

Acht Jahre wurde ich schon bald
und musste alleine durch den Wald.
Gerade ging ich dem Wald entgegen
und dann kam ein Gewitterregen.

Unter den Tannen fand ich Schutz,
wobei ich die Taschenlampe benutz.
Ich leuchte auf die Lichtung raus,
da packte mich ehrlich der Graus.

Der Schauder ging ins Knochenmark,
denn auf der Lichtung stand ein Sarg.
Meinen Mut konnt ich nicht loben,
denn der Sargdeckel hat sich gehoben.

Dann kam da eine Hand her raus
und mich packte wieder der Graus.
Dann hat der Regen nachgelassen,
ich musste Selbstvertrauen fassen.

Von der Angst macht ich mich frei,
denn ich muss am Sarg vorbei.
Darum bin ich mit leichtem Bangen,
auf diesen Sarg zugegangen.

Der Deckel hebt sich, welch ein Schreck,
ihr glaubt nicht, was ich da entdeckt.
Der Schreiner ist darin gelegen,
er schützte sich so vor dem Regen.
Nun konnt ich ohne Angst zu haben,
mit ihm den Sarg ins Dorf reintragen.

Der Fliegenfänger

Arbeitslose ohne Zahl,
dem Arbeitgeber bleibt keine Wahl.
Alles wird bei uns zu teuer,
Finanzamt wird zum Ungeheuer.

So gibt es nur noch eine Frage,
wollen wir den Weg ins Ausland wage
und das Geld ins Ausland trage?
Der Staat zieht uns den Riemen enger,
ich fühl mich wie am Fliegenfänger.

Zeit, Leistung, Erfolg, Nutzlosigkeit

Ein Mensch sieht einen Stern,
auf diesem Stern wäre er gern.

Er denkt und baut ein Raumschiff,
dieses wird ein Weltbegriff.

Er startet, landet, ist am Ziel,
das ist für ihn ein Hochgefühl.

Die Leistung kostet sein halbes Leben,
die zweite Hälfte musste er geben,

weil er von dort den blauen Planeten fand.
So nahm er das gleiche Spiel in die Hand.

Zeitgerecht musste dieser Erfolg werden,
nun starb er also auf uns´rer Erden!

Zeitlose Liebe

Beim Tanzen hab ich sie angeschaut
und gewusst, die wird meine Braut.
Wir mussten uns im Kreise drehen,
solch Schönheit hab ich nie gesehen.

Um mich war es bereits geschehen,
wir durften zu zweit nach Hause gehen.
Zu fragen hab ich mich nicht gewagt,
vielleicht hätte sie Nein gesagt.

Ich kam zum Ende zu keinem Entschluss,
zum Abschied gab sie mir einen Kuss.
So kam es dazu, ich sage es offen,
von da an haben wir uns täglich getroffen.

Vor Sehnsucht konnte ich`s kaum erwarten,
dass wir zwei zum Standesamt starten.
Schließlich gab sie mir das „Ja",
dieses fand ich wunderbar.

Dies ist nun zwanzig Jahre her
und ich liebe sie so sehr,
dass ich keine andre mehr begehr
und meine Liebe wird immer mehr.

Mein Leben zu geben wär ich bereit,
doch ich glaube, es bleibt so bis in Ewigkeit.

Angst

Die Angst schüchtert dich ein,
dadurch fühlst du dich oft allein.
Davor musst du dich befrei´n,
denn die Angst bildet man sich nur ein.

Atme auf und schnaufe durch,
fühle dich nicht wie ein Lurch,
denn ein Löwe musst du sein,
dann schüchterst du die anderen ein.

Dann werden sie dich erkennen
und vor Angst vor dir wegrennen.
Dann bist du wieder allein,
darum lass dich auf Liebe ein.

Mit Angst hast du dann nichts am Hut,
weil dir die Liebe so gut tut.
Und so kommt es zum Schluss heraus,
Angst weg – nie mehr ein Graus.

Besieg dich selber ohne Angst,
weil du vom Leben mehr verlangst.

Sternträumer

Jeder Stern am Firmament,
scheint wie ein unerkanntes Wesen.
Manche Menschen können
daraus ihre Zukunft lesen.

Der Stern erwacht,
 wenn der Mensch geht zur Ruh,
schaust du hin,
du traumloser Schläfer du?

Es erblickt ihn nur der,
der nach ihm sieht
und dieser weiß nicht
wie ihm geschieht.

Er wird zu schlaflosem Träumer.

So spricht man eine Dame an, dann hat sie ihre Freude dran:

„Schöne Frau, ich muss mich bei Ihnen bedanken!"
„Wofür?"
„Für den Genuss Sie ansehen zu dürfen!"

„Sagen Sie, gute Frau, ich habe ein Beschwerde an Sie!"
„Wieso, warum?"
„Mit welchem Recht sind sie so schön und ich so hässlich?"

„Wann und wie können wir hoffentlich gegenseitige Sympathien vertiefen?"

„Meine Dame, ich verrate Ihnen gerne, was mit Sicherheit schöner ist als Ihre Garderobe."
„Wieso, gefällt Ihnen meine Garderobe nicht?"
„Doch, aber schöner ist mit Sicherheit der Inhalt!"

Guten Tag Eure Lieblichkeit. Als ich sie gestern sah, dacht ich sofort an meine zweite Frau."
„Ah, sehe ich ihr ähnlich?"
„Ja, denn ich war erst einmal verheiratet!"

„Huch, bin ich erschrocken."
„Weshalb?"
„Ich glaube, ich stehe vor einem Engel!"

„Seit dem ich Sie sah, weiß ich erst, mit was ich mich bisher im Leben beholfen habe!"

„Blenden Sie mich bitte nicht dauernd."
„Womit denn?"
„Mit Ihrer Schönheit!"

„Seien Sie mir bitte nicht böse, wenn ich bei unserem Tanz nur auf den Boden schaue."
„Sie üben wohl noch?"
„Nein, aber wenn ich einer solch vollendeten Schönheit in die Augen schau, bekomme ich einen Kabelbrand im Herzschrittmacher!"

„Gern würde ich Sie bitten, meine Hemden zu bügeln, aber nur dann, wenn sie dazu in der Lage sind, die gleich aufregende Form hinein zu bekommen wie in Ihrer Bluse."

„Sagen Sie bitte Ihrem Lebenspartner
einen schönen Gruß von mir und dass ich
ihn sehr respektier.
„Kennen Sie ihn denn?"
„Nein, aber der hat einen exzelenten guten
Geschmack, denn sonst hätte er Sie nicht kennen
gelernt.

„Sind sie schon verheiratet?

„Ja" -   „Ja, dann tschüß"

„ Sind sie schon verheiratet?"

„Nein" – „Darf ich das ändern?"

Anekdoten

Staatsbesuch

Die „Queen," Königin von England, landet zu dieser Zeit, vollkommen incognito mit der Britischen Airlines in Ostberlin.
Der beliebte Staatchef begrüßte die Lady mit einem Blumenstrauß und folgenden Worten:
„ My Lady, im Namen des Volkes begrüß ich Sie auf aller herzlichste in unserem
Staate. Vielleicht kann ich Ihnen einen persönlichen Wunsch erfüllen?"
„Oh ja, wenn Sie zu meinen Ehren einmal für einen Tag die Grenze zum Westen öffnen würden."
Der Staatschef schaut ihr in die Augen und antwortet:
„Aber my Lady, Sie wollen doch wohl nicht mit mir alleine sein?

Höllenqualen

Nach den Dahinscheiden des Vorsitzenden Ulbrich musste dieser sich vor dem Teufel in der Hölle verantworten. Auf seine Frage an den Oberteufel:
„Nu, wie läuft denn die Sache hier ab?"
„Nun ja, du hast die Wahl, in die sozialistische oder in die kapitalistische Hölle zu kommen!"
„Nu, welche Alternative gibt´s da?"
„Keine, denn in beiden Höllen werden die Sünder an ein Eichenholzkreuz genagelt und unter ihnen wird ein Eisenrost mit Kohle angesteckt, so werden die Sünder gegrillt!"
„Nun ja, ich habe so lange im Sozialismus gelebt, dann wähle ich doch die kapitalistische Hölle."
Bei der Durchquerung der sozialistischen Hölle sieht Ulbrich alle Sozialisten wie Piek, Grotewohl und alle weiteren bcim Kurtenspiel und er begrüßt sie auf aller herzlichste.

Dann öffnet sich die Türe zu kapitalistischen Hölle und Ulbrich hört das Geschrei der gefolterten Kapitalisten.
Auf die Frage:
„Warum hier so und dort so?"
Kam die Antwort:
„Ja, beim Sozialismus haben wir mal keine Kohlen, mal keine Nägel, mal kein Holz, mal kein Eisen.
So bleiben die ewig auf der Wartelist!"

Lösungen

Und es begab sich zu einer Zeit,
da war Ulbrich Staatschef einer DDR.
Bei einer Lobrede über den Vierjahresplan
wurde er ständig von einem Zuhörer
mit den Worten unterbrochen:

„Aber Toilettenpapier ham mer keens."

Dann riss Ulbrich die Geduld.

„Du kannst mich mal mit deinem
Toilettenpapier da hinten!"

Die Antwort kam sofort:

„Na ja, aber auf d´ Dauer ist das
auch keine Lösung!"

Der Figaro

Mein Friseur, da bist du platt,
ist besser als das Tageblatt.

Nach langer Zeit, im klerikalen Dienst, bekam ich eine Einladung zur Audienz beim Papst. Um absolut sauber zu erscheinen, ging ich nach dem Saunabad auch noch zu meinem Friseur.
Mit meiner Bitte, mir die Haare bestens zu gestalten, wurde dieser neugierig.
Da Friseure immer alles besser wissen oder wissen wollen, erzählte ich ihm von meiner Einladung.
Es ergab sich folgender Dialog.
„Fliegst du oder fährst du nach Rom?"
„Ich fliege mit der Al Italia!"
„Ah, fliege besser mit der Lufthansa, bei denen bist du sicherer, die haben einen besseren Service und bessere Flugzeuge."
„Überlege ich mir."
„Wo übernachtest du?"
„Im La Grande in der Via Veneto." „Ziehe

besser ins Hilton, besserer Service, bessere Küche, keine Wanzen. Wann hast du Audienz?"
„Mittags um 14 Uhr."
„Gehe besser um 15 Uhr hin, weil der heilige Vater kommt immer eine Stunde später."
Zwei Tage später kam ich aus Rom zurück, gehe meinem Friseur und ordne ihm an, „Bitte Frisur ausbessern".
„Ja, warum?"

Mein Monolog!

Mit der Al Italia bin ich geflogen, erstklassiger Service, hervorragendes Personal, unmerkbare Landung im Gleitflug.
Dann kam ich im La Grande in Via Veneto an.
Der höfliche Portier schleppte nach einer herzlichen Begrüßung mein Gepäck in meine Suite.
Die Küche von und für Gourmees.
Im Zimmerpreis war das bezaubernde Personal enthalten.
Um 14 Uhr erschien ich beim Papst, da hat er schon 5 Minuten auf mich

gewartet. Ich kniete nieder, um den Segen zu empfangen.
Der heilige Vater legte seine Hand auf meinen Kopf und sagte:
„Mein Sohn, welcher Idiot hat dir die Haar geschnitten?"

Verabschiedung

Am Honig leckt der Bär, der Braune.
Der Hund, der leckt an der Kaldaune.
Am Angelhaken leckt der Barsch
und ihr meine Freunde,
leb wohl leb wohl.